AF424254

EL PODER DE LOS OBJETIVOS

Descubre el secreto para **alcanzar todas tus metas**

Daniel J. Martin

Copyright © 2020 Daniel J. Martin

Todos los derechos reservados. Queda rigurosamente prohibida, sin la autorización escrita de los titulares del copyright, bajo las sanciones establecidas en las leyes, la reproducción total o parcial de esta obra por cualquier medio o procedimiento, incluidos la reprografía y el tratamiento informático, y la distribución de ejemplares mediante alquiler o préstamo públicos.

ISBN 978-9916-4-1950-2

Aviso: Este libro ha sido creado con la intención de ofrecer información, sugerencias y orientación sobre distintas áreas de la vida, entre ellas el bienestar emocional, la salud mental, el crecimiento personal y el desarrollo de relaciones saludables. Sin embargo, no sustituye en ningún caso a la atención médica profesional o al asesoramiento de un psicólogo o terapeuta calificado. Si estás enfrentando problemas serios de salud mental o emocional, te recomendamos que busques ayuda profesional de manera inmediata.

Un objetivo sin un plan es solo un deseo.

— Antoine de Saint-Exupéry

ÍNDICE

¡Un regalo solo para ti!

¿Te gustaría leer **mi próximo libro completamente GRATIS**? ¡Escanea el código que aparece debajo y **apúntate a mi club de lectores!**

Te esperan grandes sorpresas: sé el primero en leer mis nuevos lanzamientos, escucha mis audiolibros de forma gratuita, consigue copias firmadas y dedicadas... ¡y mucho más!

INTRODUCCIÓN

La fórmula del éxito

Recuerdo que desde niño siempre me he caracterizado por conseguir todo aquello que me he propuesto. Tuve la suerte de nacer con ese don.

No quiero decir que se me diese bien todo lo que hacía ni que tuviese un talento innato extraordinario. Mi don era la perseverancia.

Si realmente había algo que quería, tarde o temprano encontraba la forma de lograrlo. Por desgracia, no fue hasta pasados los treinta años cuando empecé a saber qué era lo que realmente quería.

No voy a decirte que desperdicié treinta años de mi vida apuntando hacia objetivos equivocados. Considero que fueron años de un gran aprendizaje, en los que además hice grandes cosas. Pero me hubiese encantado haberme topado con un libro como este mucho antes. Sin embargo, como tantas otras personas, tuve que tocar fondo antes de conseguir cambiar el rumbo de mi vida.

Un viaje de autodescubrimiento

Con poco más de veintiocho años había conseguido todo lo que me había propuesto hasta ese momento; había terminado mis estudios universitarios, viajado alrededor de todo el mundo, ganaba unas 3 veces más que el resto de mis amigos, tenía una novia guapa e inteligente... Vamos, todo lo que la sociedad me había ido indicando que era el éxito y triunfar en la vida. Cualquiera se habría cambiado por mí sin dudarlo.

No lo voy a negar, yo era feliz. Siempre lo he sido.

Por «suerte», por una serie de circunstancias pasajeras, caí en una pequeña depresión, la primera y única que he tenido hasta el momento. Realmente me encontraba tan mal que decidí pedir cita con el psicólogo, pues empecé a tener ataques de ansiedad y llegué a temer por mi salud.

Sin embargo, una semana antes de mi primera consulta, recibí un email inesperado de un antiguo amigo de mi época de mochilero. Solíamos hablar muy de vez en cuando y ese email llegó justo en el momento oportuno. Básicamente me contaba que se había mudado a Las Vegas (él es israelí) y me preguntaba cómo estaba.

Lo normal en mí habría sido decirle que todo iba genial e interesarme por su nueva aventura, pero por algún motivo decidí contarle que no estaba bien, le dije que estaba pasando por un mal momento y que a la semana siguiente tenía cita con el psicólogo.

En su siguiente email simplemente me pidió mi número de teléfono y me llamó al cabo de unos minutos. Estuvimos hablando más de media hora, recordando viejos tiempos y sin tocar demasiado el tema de mi depresión.

A los 10 minutos de haber colgado el teléfono me escribió por SMS (por aquel entonces no había WhatsApp). La conversación fue la siguiente:

- Daniel, ¿sabes que es lo que te ayudaría mucho en estos momentos? Viajar a Estados Unidos. Este es un país increíble. Créeme, ¡te encantaría!
- ¡WOW! ¡Seguro que sí! Es un viaje que he querido hacer desde pequeño y no me cabe duda de que un día lo haré.
- No. Me refiero a que vengas a visitarme. Mi casa es tu casa. Aquí no te faltará de nada y

estoy seguro que puedo ayudarte a salir de la situación en la que te encuentras.

- ¡Muchísimas gracias, Gili! ¿Sabes qué? Voy a ponerme a ahorrar y en cuanto pueda voy a verte.
- No tienes que ahorrar nada. Yo me ocupo de todo.
- Eeeeeeh... OK. Bueno, pues dame unos meses para organizarme y te digo algo.

(10 minutos sin respuesta)

- Te acabo de enviar un email con los billetes. Sales pasado mañana.

A lo largo de mi vida he vivido muchas aventuras, pues me esfuerzo continuamente por salir de mi zona de confort, pero sin duda ésta fue una de las que más me han marcado.

Mientras me apresuraba en sacarme el pasaporte en un tiempo récord, saliendo con cara de terrorista de *Al Qaeda* en la foto (¿sabes la cara que tiene uno cuando lleva varias semanas recluido en casa con depresión?), explicaba a mi familia que no había nada raro y que no me querían secuestrar – sin yo estar del todo convencido – y reunía algo de dinero en efectivo para pasar dos semanas en un país nuevo para mí, nunca hubiese imaginado lo que ese viaje supondría.

Sinceramente, yo pensaba que «simplemente» serían unas vacaciones en las que despejar la mente, cambiar de aires y volver a casa con energías renovadas. Por supuesto, todo esto fue así, pero hubo algo más. Algo que cambió el rumbo de mi vida.

Mi amigo, que por aquel entonces rondaba los cincuenta, cuando yo todavía no había cumplido los treinta, era un multimillonario que se había hecho a sí mismo, y como muchas otras personas que han alcanzado el éxito por méritos propios, una de sus mayores fuentes de satisfacción consistía en ayudar a otras personas, en las que él veía potencial, a recorrer su mismo camino, pero ahorrándoles años de esfuerzo y de fracasos.

De esta forma, fueron dos semanas muy divertidas con todo tipo de actividades que mi amigo había organizado para mí, pero en las que además aprovechábamos cada «descanso» para tener conversaciones muy interesantes, y en ocasiones también muy profundas; conducíamos de un lado a otro de la ciudad siempre con un audiolibro perfectamente seleccionado sonando en el reproductor; y en las que cada noche me quedaba largas horas solo en el salón leyendo alguno de los libros que mi amigo «dejaba caer» que me podrían resultar interesantes.

Si tuviera que resumir lo aprendido en aquel viaje, lo haría aplicando lo que yo llamo **la fórmula del éxito**:

1. Descubre qué es exactamente lo que quieres.
2. Averigua el precio a pagar para conseguirlo.
3. Crea un plan por escrito para lograrlo.

Por qué este libro

Soy consciente de que no todo el mundo va a tener la «suerte» de tocar fondo a tiempo y en el momento adecuado, ni de tener un amigo rico y altruista que esté ahí preparado cuando esto ocurra para indicarle el camino a seguir. Este libro será «tu amigo rico».

En esta guía no solo voy a contarte todo lo que aprendí durante aquellas dos semanas de autodescubrimiento, sino todo lo que he seguido aprendiendo en los siguientes 10 años de mi vida. Unos conocimientos que me han permitido dedicarme profesionalmente a ayudar a otras personas a **fijar y alcanzar sus objetivos** tanto en el área de la **salud** y de los **negocios** como en el de las **relaciones de pareja**. Porque *si no mantienes un equilibrio en las tres principales áreas de tu vida (salud, dinero y amor), el éxito será tan solo una ilusión pasajera.*

Espero que lo disfrutes,
Daniel

Capítulo 1

Por qué necesitamos objetivos

«Sin sueños ni objetivos no hay vida, solo mera existencia, y no es por eso que estamos aquí.»

— Mark Twain

Probablemente hayas leído el clásico *La isla del tesoro*, *Los viajes de Gulliver* o algún otro libro de aventuras. ¿Qué opinas de ellos? ¿Son tan solo historias apasionantes nacidas de una imaginación creativa? Sí, la mayoría de las obras de aventuras son ficción, pero casi todas contienen una lección: necesitas tener el mapa correcto si quieres encontrar el tesoro. El personaje con el mapa y las herramientas adecuadas casi siempre lo consigue.

Entonces, ¿por qué en la vida real no aplicamos los mismos principios? ¿Por qué pretendemos triunfar sin un mapa ni un plan para lograrlo?

Muchas personas invierten décadas de su vida haciendo exactamente lo mismo sin pararse a pensar hacia dónde se dirigen o dónde les gustaría estar. Se levantan por la mañana, van a ese trabajo que les está matando lentamente y realizan las mismas tareas, que no les aportan ningún tipo de satisfacción, una y otra vez antes de irse a dormir, solo para volver a repetir la misma rutina al día siguiente.

Otras personas, por el contrario, sí son conscientes de que existen mejores sitios en los que estar, saben que quieren disfrutar de ciertos lujos o comodidades, disfrutar de un mayor bienestar y disponer de suficiente dinero para viajar por el mundo y visitar nuevos destinos. El problema es que no tienen un plan, únicamente sueños vagos para los que nunca han establecido objetivos concretos.

La mayoría de las personas pueden clasificarse en unos de estos dos grupos: gente que no sabe a dónde quiere ir o gente que no sabe cómo llegar hasta allí. A demasiadas personas se les va media vida tan solo buscando los objetivos correctos, para luego pasarse la otra mitad en busca del mapa perfecto para alcanzarlos. Si llegan a conseguirlo, suele ser demasiado tarde para disfrutar de los beneficios de su trabajo.

No te puedes permitir pertenecer a ninguno de estos dos grupos por más tiempo. Pertenecer a cualquiera de ellos te garantiza una existencia llena de estrés y de frustración. La vida no tiene que ser tan dura. Si quieres alcanzar el éxito y disfrutar de una existencia feliz, es imprescindible que aprendas a establecer objetivos y a trazar el plan adecuado para conseguirlos.

Mucha gente comete errores a la hora de establecer sus objetivos y nunca se recupera de ello. Es más fácil recuperarte de contratiempos que surjan mientras ejecutas tu plan, que de errores causados por unos objetivos mal planteados. Estos errores pueden tener que ver con el plazo establecido, con la naturaleza del objetivo o con la forma de alcanzarlo.

En este libro voy a enseñarte todo lo que necesitas saber tanto para establecer como para alcanzar tus objetivos, así que antes que nada, ¡necesito mostrarte los errores que puedes haber cometido, o estar cometiendo!

Los errores más comunes al marcarnos objetivos

«Nunca imaginé que necesitaría ayuda para establecer mis objetivos». La mayoría de las personas pensamos así, pero el hecho de no saber que hay mejores formas de hacer las cosas no nos exime de la responsabilidad de aprender. Es cierto que el cerebro humano está programado para pensar en términos de autosuficiencia, pero es mejor ser consciente, de antemano, de los obstáculos potenciales.

Entonces, ¿cuáles son los errores más comunes que cometemos?

1. Objetivo correcto, razones equivocadas.

Sí, has leído bien. Puedes querer lo correcto, pero por los motivos equivocados. Muchas personas fracasan por esta razón. Cuando persigues algo por motivos erróneos, pueden pasar dos cosas: que no llegues a conseguirlo, o que sí lo consigas, pero no llegues a obtener la satisfacción que pensaste que obtendrías con la consecución de dicho objetivo. Tendrías lo que siempre has querido, pero aun así no te sentirías satisfecho.

Lo que sigue en cualquiera de los dos casos es infelicidad y frustración.

Esto significaría que todo tu tiempo y esfuerzo se han desperdiciado, y esa no es una buena manera de conducir tu vida. Es por eso que más adelante en este libro te enseñaré cómo establecer tus objetivos, basados en las razones correctas.

2. Subestimar el precio a pagar.

Subestimar lo que tienes que hacer para conseguir tus objetivos es uno de los problemas más comunes a los que podrías enfrentarte y uno de los que más caros pueden salirte, pues es capaz de llegar a agotar tu toda energía. A menudo sucede cuando tu plan no es el adecuado para los objetivos que te has marcado. Porque si estás convencido de que tus objetivos son los correctos continuarás intentándolo y fracasando hasta que pierdas toda tu motivación y fuerza de voluntad.

Una mala investigación inicial oculta la verdadera magnitud de la tarea requerida para lograr nuestro propósito, y cada paso se convierte entonces en un desafío inesperado para el que no estábamos preparados. Nos toma por sorpresa, nos descoloca, y antes de que podamos recuperarnos, habremos perdido fuerza. Este es, a menudo, el primer ingrediente de la receta para el fracaso. Por todo ello, necesitas saber por adelantado cuál será el precio exacto que tendrás que pagar para alcanzar tus objetivos. Y estar dispuesto a pagarlo.

3. Falta de compromiso.

Esto contrasta con los problemas anteriores, donde los individuos están dispuestos a darlo todo por la causa, una adecuada, sí, pero de forma inadecuada o por las razones incorrectas. En este caso, en cambio, no están dispuestos a sacrificar nada. ¿Has oído aquello de que «el compromiso es lo que convierte una promesa en realidad» o que «no hay éxito duradero sin compromiso»?, pues esto es un hecho en lo que respecta a los objetivos; si no te comprometes a alcanzarlos y eres consecuente con tu propio compromiso, los verás escaparse entre tus dedos.

El compromiso hacia tus objetivos es un requisito indispensable para alcanzarlos. Es lógico que, cuando algo requiere de mucho y le dedicamos muy poco, inevitablemente fracase. Si tu compromiso es insuficiente, solo harás intentos mediocres por acercarte a tu destino, es decir, no vas a dar lo mejor de ti mismo si no estás dispuesto a hacer los sacrificios necesarios.

4. Miedo al fracaso.

Si le tienes miedo al agua, nunca abandonarás la orilla. ¿Estás más preocupado por el fracaso que interesado en el éxito? ¿Temes fracasar terriblemente? El miedo es una emoción paralizante que te impide actuar, a veces por completo, y

hace que tus objetivos te asusten en lugar de mo-
tivarte.

El miedo a fracasar realmente es una pande-
mia mundial. Todos hemos sido educados para
atesorar el éxito y tenerle pavor al fracaso, pero
olvidamos que, de hecho, el fracaso también
forma parte del éxito. El fracaso no debería signi-
ficar la muerte de tus sueños, sino solo un toque
de atención para que lo intentes mejor o con más
fuerza. Fracasar no significa que nunca lo conseguirás, tan solo que el plan actual no está
funcionando y que debes revisarlo. Necesitas entender el papel del fracaso en el éxito y, si lo
consigues, dejará de suponer un obstáculo.

5. Negatividad.

Los pensamientos negativos afectan, en gran
medida, a tu estado mental y emocional. La negatividad agota las emociones positivas y la energía
que impulsan tus esfuerzos por vivir una vida

mejor. Además, hace que sea imposible mantener tu enfoque y concentración por mucho tiempo, ya que te aporta una larga lista de excusas para no hacer lo que sabes que deberías hacer. Lo que es aún peor, la negatividad es contagiosa. Moverte en el círculo de personas equivocado puede hacerte muy complicado generar la motivación necesaria para logras tus objetivos. La negatividad es el resultado de dejar que las malas energías invadan tu psique. Si permites que estas malas energías tomen el control por completo, quedarás a merced de la negatividad y te resultará tremendamente difícil perseguir cualquier sueño.

6. Falta de confianza.

La confianza en uno mismo y la autoestima van de la mano. No puedes carecer de autoestima y a la vez tener confianza en ti mismo. Juntas, te ayudan a determinar cuánta fe tienes en tus objetivos, planes y habilidades para hacer que las cosas funcionen.

La autoestima tiene que ver con cuánto crees que te mereces tus sueños, es tu propia medida de lo que vales. Si tus niveles son bajos, probablemente temas que tus objetivos sean demasiado ambiciosos, te preocupará no estar a la altura y pensarás que cualquier otro es más digno de alcanzar esos planes o sueños que tienes para ti. Si no crees lo suficiente en ti mismo, no serás capaz de mantener tu esfuerzo para alcanzar el éxito.

La autoestima y la competencia son los pilares fundamentales de la confianza. La autoestima te hace creer en tus sueños, planes y singularidad; la competencia te hace creer en tus habilidades. Cuando te falta confianza, te mueves de forma insegura, incapaz de tomar decisiones de forma rápida y eficiente. Pasas demasiado tiempo dándole vueltas a las mismas decisiones que ya tomaste y, cuando es el momento de asumir riesgos, lo más probable es que elijas la opción más segura. Si tus objetivos están afectados por tu falta de autoconfianza, vivirás a la espera de la aprobación de otros. Y esto, al final, afectará qué tanto puedes conseguir.

7. Ignorancia.

Los mejores planes y objetivos se plantean desde el conocimiento, desde una posición informada. Por ejemplo, si quieres establecer objetivos para tu negocio, necesitas conocer todos los datos de tu sector. No puedes establecer planes y objetivos basados únicamente en tus intuiciones, sino que necesitas observar los hechos del pasado, las tendencias actuales, tus habilidades y fortalezas y, además, las proyecciones a futuro. Un mapa incorrecto es tan inútil como no tener ninguno, y los mapas incorrectos existen debido a la falta de información y a la ignorancia.

La ignorancia no es «una bendición», como dice el dicho, al menos no en el contexto de establecer y alcanzar objetivos. Es un estado de falta de conocimiento, teórico y práctico, que nos limita y nos puede mantener estancados.

La única forma de vencer la ignorancia es mediante el aprendizaje y la adquisición de nueva información. Tu objetivo debe inspirar en ti una sana obsesión por aprender. Si quieres, por ejemplo, hacer de la buena salud tu objetivo, tendrías que recopilar toda la información que puedas sobre hábitos saludables. Esta es la única forma en que serás capaz de planificar correctamente.

Los pilares de un buen objetivo

Ahora que ya sabes los errores que debes evitar, necesitas conocer los pilares de un buen objetivo, es decir, las claves que debes poner en práctica para asegurarte de que tus objetivos sean más fáciles de alcanzar.

1. El objetivo correcto.

Necesitas elegir los objetivos correctos, por las razones correctas. Si eliges los objetivos correctos, pero por las razones equivocadas, no encontrarás satisfacción al conseguirlos. Y si eliges los objetivos equivocados, aunque lo hagas por las razones correctas, terminarás frustrado y agotado. En ambos casos, el fracaso esta garantizado.

Esta es la razón por la que necesitas un objetivo adecuado, basado en tus verdaderos valores y aspiraciones.

2. Un buen plan.

Soñar a lo grande es sencillo, trazar un plan para lograr esos sueños es algo más complicado. Tus objetivos son el destino que quieres alcanzar; tu plan es el mapa que te conducirá a dicho destino. No puedes llegar a tu destino si no conoces el camino.

Conocer el camino implica diseñar un buen plan, que cubra la mayoría de los imprevistos con los que probablemente te encontrarás. Ningún plan es perfecto, hay muchas variables que irán cambiando conforme progreses, pero tu plan inicial debería ser lo suficientemente bueno como para abarcar la mayoría de estos posibles contratiempos.

Un buen plan debe detallar tus objetivos principales, fragmentar estos objetivos en hitos alcanzables a corto plazo y definir con qué indicadores medirás tu progreso. En otras palabras, un buen plan complementa a un buen objetivo. Con un buen plan serás capaz de visualizar tu objetivo, verlo dividido en pasos fácilmente alcanzables y medir tu progreso hacia su consecución.

3. El conocimiento adecuado.

Sin el conocimiento necesario para establecer e implementar objetivos, no existe posibilidad de éxito alguna. Contar con la suficiente información puede suponer la diferencia entre tener que cerrar nuestro negocio o ser los referentes en nuestro sector, por ejemplo. Si embargo, no podemos pretender obtener el conocimiento adecuado si no salimos a buscarlo. Muchas personas tienen objetivos parecidos a los nuestros. La única forma de sobresalir en un mundo hipercompetitivo es acumulando más conocimientos que la mayoría para usarlos, entonces, de forma correcta. El conocimiento te asegura tener las herramientas necesarias para conseguir tus objetivos.

4. Motivación y perseverancia.

Las cosas buenas no caen del cielo. Alcanzar nuestros objetivos, sin duda, es algo muy bueno, por ello, lo más normal es que suponga ciertos desafíos. Sí, incluso con un buen plan, lograr nuestros objetivos traerá consigo algunos retos para los que deberemos estar preparados. Recuerda que tu plan es solo la respuesta a algunas de las muchas variables en la compleja ecuación de la vida y los desafíos vendrán, en su mayoría, de variables que están fuera de tu control.

Cuando estos desafíos lleguen, que llegarán, que te rindas o sigas luchando dependerá de tu grado de motivación, es decir, las razones o motivos por los que quieres alcanzar tus objetivos. Si tu motivación es lo suficientemente fuerte, serás capaz de mirar más allá de los desafíos presentes y luchar por un futuro mejor.

La motivación, por tanto, juega un papel decisivo en nuestra capacidad de perseverancia. Debido a nuestra constante búsqueda de la gratificación instantánea, cuando algo no está yendo de acuerdo a nuestros planes nos resulta muy fácil abandonar y centrarnos en cualquier otra cosa. Este puede ser un gran problema porque es necesario que te centres en tus objetivos si quieres tener éxito. La motivación será el combustible que asegure que te mantengas interesado y centrado en la consecución de tus objetivos.

Resumen del capítulo

Establecer objetivos y alcanzarlos es un proceso lleno de obstáculos y desafíos. Cuanto mayor sea el objetivo, mayores serán los desafíos, pero también, más dulce la victoria. Necesitas el mapa correcto y la motivación adecuada para impulsarte en el camino hacia tus objetivos. La vida en sí misma es un viaje hacia tus objetivos; si no preparas adecuadamente ese viaje, acabarás desviándote o rindiéndote antes de haber llegado siquiera a la primera parada de tu camino.

Por qué necesitas objetivos

- Tienes que establecer los objetivos adecuados si quieres maximizar las posibilidades de conseguirlos.
- Asegúrate de que tus objetivos estén en consonancia con tus verdaderos valores y aspiraciones. Si no, no encontrarás satisfacción alguna al alcanzarlos.

- Fórmate e infórmate. Necesitas conocer a lo que te enfrentas y el precio que tendrás que pagar.
- Decídete a pagar el precio.
- Busca la motivación adecuada dentro de ti, esta impedirá que tires la toalla a mitad de camino.

Capítulo 2

Establece los objetivos adecuados

«Todas las personas de éxito son grandes soñadoras. Imaginan cómo podría ser su futuro ideal en cada aspecto de sus vidas y trabajan cada día hacia esa visión, esa meta o ese propósito.»

— Brian Tracy

Ahora que ya conoces los problemas más comunes a los que la gente se enfrenta a la hora de establecer y alcanzar sus objetivos, es hora de aprender cómo establecer los objetivos adecuados.

Decide qué es lo que quieres

¿Cómo sabes lo que quieres en la vida? Hay muchas cosas que desear; amor, dinero, éxito laboral o financiero, fama, etc. ¿Son estas las cosas adecuadas que desear? No hay nada de malo en querer alguna de ellas, o todas. De hecho, son más o menos, los «objetivos supremos». Todos queremos amar y ser amados; llegar a lo más alto en nuestra carrera y, a ser posible, establecer nuevos estándares para los que vienen detrás de nosotros; o quizás encontrar el éxito financiero y poder retirarnos jóvenes. Es perfectamente normal que deseemos estas cosas.

El problema en realidad es que, si tienes muchos objetivos en cada una de estas áreas, inconscientemente comienzas a trabajar para alcanzarlos todos a la vez. Cuando trabajas así, terminas perdiendo el potencial para crear impacto. En lugar de hacer vagas declaraciones sobre tus objetivos, o perseguir muchos objetivos a la vez, decide qué quieres ahora mismo y ve a por ello. Enfocar tus aptitudes y cualidades en objetivos concretos es mejor, que hacer intentos dispersos en varias cosas a la vez.

Empieza con un sueño grande y realista

Sí, empieza con un sueño. Ahora, no tomes esto como una invitación a hacer de tus objetivos una fantasía. Cada objetivo debe comenzar con un sueño, pero no debe acabar ahí. Los castillos en el aire, por muy bonitos que puedan ser, nunca serán más que meras ilusiones a menos que construyas bases sólidas sobre las que puedan sostenerse. Todas las ideas, antes de que puedan mantenerse por su propio pie, deben ser concebidas, y la etapa de concepción es muy importante porque de ella se derivará la motivación que debe soportarlas. Si creas un sueño vivo, absorbente y realista, tendrás mayor motivación para alcanzarlo y hacerlo realidad.

Puedes imaginarte como el presidente de una gran multinacional, el mejor futbolista del mundo, el ganador del premio Nobel o del Oscar a la mejor interpretación o, igualmente posible, si no crees en ti mismo, como un completo fracasado. Cuánto crees en tus sueños determinará, en gran medida, cuántos de esos sueños eres capaz de alcanzar. Creer en tus sueños te da una razón para trabajar duro e intentar hacerlos realidad. Puede que no lo consigas por razones totalmente fuera de tu control, pero sin duda tendrás mayores oportunidades de lograrlo. Esta es la base de todo objetivo de éxito – la visión que tengas de él.

Hablemos ahora sobre varios aspectos de la vida en los que puedes establecer objetivos, y qué posibles objetivos podrías fijarte en cada uno de ellos. No he organizado estos aspectos por orden de importancia, porque cada uno es tan importante como los demás. Por ejemplo, tu carrera influye en tus finanzas y ambas sufrirán las consecuencias de una mala salud, ya que todas estas áreas están interconectadas.

1. Trabajo.

¿Dónde te ves dentro de cinco años? Visualízate a ti mismo en un futuro cercano. Cinco años es un lapso de tiempo lo suficiente lejano como para considerarse un objetivo a largo plazo, pero lo suficiente cercano como para no perder su poder motivador – no está tan lejos. Si sabes dónde quieres estar en cinco años, ya sabes dónde necesitas estar dentro de tres, por ejemplo, y lo que debes hacer para llegar hasta allí. Si conoces tu sueño para los próximos tres años, entonces ya sabes lo que tienes que hacer este año, este mes, esta semana e incluso hoy. Esto quiere decir que puedes empezar a hacer lo necesario desde ya mismo.

Así que te lo pregunto de nuevo: profesionalmente hablando, ¿dónde te ves en los próximos cinco años?

¿Quieres acabar la carrera de derecho y ser socio en un despacho de abogados de élite?

¿Quieres empezar y completar un doctorado? ¿Quieres hacer crecer tu negocio y explorar nuevos proyectos? ¿Quieres competir en unos Juegos Olímpicos?

Los objetivos laborales son muy importantes porque te ayudan, al menos, de dos maneras: primero, te aportan valor y aumentan tus beneficios; segundo, te dan una buena base para alcanzar otro tipo de objetivos.

Establece objetivos laborales concretos que puedan cambiar la forma en la que llevas a cabo tus tareas diarias. En lugar de vivir en la rutina, mira al futuro y vive cada día de acuerdo al sueño que has visualizado en tu mente. Como dice el dicho: «vístete para el trabajo que quieres...».

2. Finanzas.

¿Qué sentido tiene tener una carrera o título universitario si este no puede incrementar directamente tus ingresos? Los objetivos que son directa o indirectamente capaces de incrementar tus niveles o tus fuentes de ingresos deben formar parte de tus objetivos principales. Si bien tener un máster, por ejemplo, no significa que los bancos vayan a regalarte el dinero simplemente por enseñarles tu título universitario, si tiene el potencial de diferenciarte de la competencia y proporcionarte puestos mejores y más gratificantes.

Las finanzas son muy importantes. Como un amigo me dijo una vez, «nada es gratis, ni siquiera en Gratislandia». El nivel mínimo de confort que puedes disfrutar está directamente relacionado con tu capacidad para pagar las facturas, y esta, a su vez, depende de cuánto dinero ganas en un periodo de tiempo determinado. La cantidad que ganas depende de tus fuentes y tipos de ingresos. Siempre he enseñado a la gente que nunca deben depender de una única fuente de ingresos, sino que deben tener entradas alternativas que, de forma pasiva, les generen dinero en efectivo.

Por lo tanto, en lo que a finanzas se refiere, tu objetivo debe ser doble: incrementar tu **nivel de ingresos** actual y aumentar tus **fuentes de ingresos**.

Estos dos grandes objetivos darán paso a otros más pequeños en los que puedas trabajar para aumentar tu seguridad financiera. Más y mayores ingresos implica tener la capacidad de cubrir tus necesidades básicas, poder satisfacer tus deseos, aunque de una manera razonable, así como crear fondos para imprevistos o para tu jubilación (entre otras).

3. Salud.

¡La salud es riqueza! Cualquier otra cosa que puedas querer en la vida palidece en comparación con tu salud. Por este motivo, en cada etapa de tu vida, debes prestarle la atención adecuada, revisar tu estado actual de forma regular y desarrollar hábitos saludables.

También es importante aspirar a tener una buena condición física. No es solo cuestión de verse bien; estar en forma mantendrá tu cuerpo más sano. Aunque cada vez es mayor el número de personas que deciden cuidarse por fuera, son muchas las que se descuidan «por dentro», un error imperdonable, pues los pilares de la buena salud no son solo físicos, sino también mentales y emocionales. Lo ideal es que exista un equilibrio entre cuerpo y mente, por lo que debes ponerte objetivos que te permitan optimizar tanto tu salud física como mental.

4. Relaciones.

No somos islas. Existimos como parte de la sociedad y esto implica que debemos relacionarnos e interactuar con otras personas en todo tipo de situaciones y condiciones. Lo bueno es que tú tienes poder decidir qué tipo de relaciones quieres tener, ya que el tipo de personas con las que te relacionas en tu vida privada, pública y profesional influirá directa o indirectamente en quién eres y cómo eres. Seguro que has oído aquello de «somos el promedio de las 5 personas con las que más tiempo pasamos». Es por esta razón que necesitas establecer objetivos en tus relaciones. Determina los principios y las reglas que regirán el modo en el que te relacionas con la gente. Establecer límites en cuanto a lo que estás dispuesto a dar y recibir es también muy importante. Esto te ayudará a optimizar tus relaciones interpersonales para unos mejores resultados.

Razones equivocadas para querer lo que quieres

1. Competencia insana.

Competir está bien, pero no en todas las circunstancias. Las comparaciones insanas con otras personas pueden minar tu autoestima y autoconfianza sin remedio, e incluso pueden hacer imposible que te sientas genuinamente motivado. Necesitas saber que las circunstancias suelen ser únicas y diferentes incluso en personas con el mismo objetivo, así que no te haces ningún favor comparándote con otros, todo lo contrario. No ambiciones un objetivo solo porque otra persona tiene uno similar, o por el mero hecho de alcanzarlo antes que otros, pues no obtendrás la sensación éxito o satisfacción que debería seguir a ese logro.

2. Búsqueda de aprobación externa.

¿Por qué te has propuesto conseguir tus objetivos? ¿Para buscar la aprobación de otros? Si es así, estás persiguiéndolos por la razón equivocada. Buscar la aprobación de otros significa que te tienes falta de autoestima, que vives tu vida permitiendo que tu propio valor esté supeditado a lo que otros piensen de ti. ¿Qué ocurre entonces si completas tu objetivo y no recibes la validación externa que anhelas? Muy sencillo: que ese «éxito» te dejará un sabor agridulce.

3. Envidia.

La envidia es una emoción muy negativa y tóxica, un tipo de esclavitud mental que te ciega ante las cosas importantes de la vida. Querer alcanzar un objetivo porque envidias a otras personas que lo han conseguido es tremendamente nocivo para tu salud mental y tu autoestima. Surge desde un sentimiento de insuficiencia que empuja a la persona hacia comportamientos dañinos. No hay nada malo en querer triunfar como lo han hecho Bill Gates, Elon Musk o Amancio Ortega; lo que sí está mal es desearlo únicamente porque te crees mejor que las personas que lo han conseguido. Eso es la envidia: sentir que tú te mereces más el éxito que otros han logrado.

Los envidiosos sufren una terrible condena. Si fracasan, la envidia se apoderará de ellos hasta el punto de hacerlos enfermar. Si lo consiguen, inmediatamente encontrarán otra cosa que envidiar.

Razones correctas para querer lo que quieres

Todos tus objetivos deben estar personalizados y adaptados a tus necesidades y a tus circunstancias. La vida se divide en etapas, y esto también se aplica a tus objetivos. Necesitas tener una carrera universitaria antes que un máster, así que, si bien tu visión a largo plazo puede incluir estudios de posgrado, tu objetivo inmediato debe ser completar el grado o diplomatura.

Tus objetivos deben ayudarte a ser una persona mejor, más feliz y con más éxito, y esto solo se consigue siendo auténtico y teniendo objetivos y aspiraciones auténticas. La responsabilidad de tu vida y tus objetivos es solo tuya, y tus objetivos deben adaptarse para conseguir el mayor grado de éxito y superación personal.

Por ejemplo, tus objetivos laborales deben ser ascender en la escala corporativa o profesional que tú quieras, no cumplir las expectativas que otros tienen de ti. Si coinciden, de acuerdo, pero si no, lucha por tus propios objetivos. De la misma forma, mereces amar y ser amado. Por ello, los objetivos en tus relaciones deben ser tanto para ti como para tu pareja. Tus objetivos sentimentales no deben permitir que una relación tóxica siga adelante. Estos son solo algunos ejemplos, pero estoy seguro de que has entendido la idea. Tus objetivos deben tuyos y para ti. Solo si están diseñados a tu medida te permitirán disfrutar de la vida que siempre has soñado.

Además, tenemos la responsabilidad moral de ayudar a quienes nos rodean. Por eso, tus objetivos también deben dejar espacio para apoyar a otros a tu alrededor. La ayuda puede brindarse de muchas formas y, por supuesto, no necesariamente tiene que ser económica. Podrías ayudar a otros convirtiéndote en su mentor, guiándoles y echándoles una mano. Si comienzas una empresa como emprendedor y acabas amasando una pequeña fortuna, puedes proponerte como objetivo ayudar a cincuenta o cien personas a alcanzar un éxito similar al tuyo en sus propios negocios durante los próximos años.

Lo más importante es que tus objetivos te proporcionen una enorme satisfacción personal. Este debe ser el propósito máximo de cada uno de los objetivos que persigas.

Resumen del capítulo

Mucha gente persigue demasiados objetivos al mismo tiempo, haciendo muy complicado centrarse y tener éxito en cualquiera de ellos. Por otro lado, puedes tener objetivos adecuados, pero por razones erróneas. Es importante que te asegures de que persigues tus objetivos por las razones correctas y de que fijas objetivos específicos para cada una de las principales áreas de tu vida: trabajos, finanzas, salud y relaciones.

Establece los objetivos adecuados

- ¿Cuáles son tus objetivos? ¿Qué cosas has perseguido durante los últimos años? ¿Son objetivos adecuados?
- Decide exactamente qué es lo que quieres. No hay tiempo para vaguedades ni ambigüedades. Necesitas saber ya qué quieres en la vida.
- Empieza con un sueño grande y realista. Asegúrate de que tus objetivos realmente te motivan y son importantes para ti.

- ¿Por qué quieres esos objetivos? Asegúrate de que tus objetivos estén motivados por el deseo de producir un impacto o cambio significativo en tu vida y en la vida de otras personas. La competición insana, la búsqueda de aprobación externa o la envidia harán que tus objetivos carezcan de sentido y te hagan sentir vacío.

Capítulo 3

Consigue un mapa

«Nuestros objetivos solo pueden ser alcanzados mediante un plan que actúe como vehículo, en el que debemos creer fervientemente y sobre el cual debemos actuar vigorosamente.»

— Pablo Picasso

No puedes llegar a tu objetivo sin el plan adecuado. Lo primero que debes tener en cuenta es que, si bien necesitas objetivos grandes y a largo plazo, debes estar dispuesto a dividirlos en pequeños objetivos alcanzables a corto plazo y luego, planificar en torno a estos.

Si no persigues tus objetivos con un plan bien definido y que detalle tu estrategia, no conseguirás sobreponerte a los imprevistos que vayan surgiendo con la rapidez suficiente. Es fácil decir que quieres estar en forma y tener un cuerpo esbelto, pero si no tienes un plan que establezca la alimentación que debes llevar y la rutina de ejercicios que necesitas seguir, nunca lo conseguirás. No vale con decir que quieres ser rico; necesitas contar con plan que te guie a lo largo del camino que te permitirá llegar a serlo. Cada objetivo tiene unos requisitos básicos y debes conocerlos y ponerlos en práctica.

Entonces, ¿en qué consiste un buen plan?

En el capítulo anterior has aprendido a diseñar un buen objetivo y que, además, deberías establecer objetivos para las diferentes áreas de tu vida: tu carrera, tus finanzas, tu salud y tus relaciones. No hay nada de malo en tener un objetivo en cada una de estas áreas, pero para planificar de forma efectiva, cada uno de estos grandes objetivos debe estar compuesto por la suma de varios pequeños objetivos que puedas ir alcanzando progresivamente.

Beneficios de planificar tus objetivos

1. Te ayuda a pulir tus ideas.

Si en este preciso instante decides coger lápiz y papel para anotar tus objetivos, te darás cuenta de que te vienen muchas más ideas a la cabeza. Además, tener la buena costumbre de anotar tus objetivos por escrito te permitirá, entre otras muchas cosas, evitar olvidar ideas importantes. Planificar tus objetivos por escrito te facilita el poder revisarlos y redefinirlos tantas veces como sea necesario antes tomar cualquier tipo de acción.

2. Te proporciona una visión global de tus objetivos.

Una vez establecidos los objetivos y detallados los pasos para lograrlos, obtendrás una imagen completa de dónde estás y a dónde necesitas llegar. Si tienes más de un objetivo, planificarlos también te permitirá ver las conexiones entre ellos, además de evaluarlos adecuadamente y determinar cuál debe ser el primero en función de lo que debe hacerse.

3. Te ayuda a identificar obstáculos en tus planes.

Cuando tengas un plan perfectamente definido frente a ti, no solo te será más fácil determinar aquello que debe hacerse, sino también aquello que no debe hacerse. La planificación te ayudará a prever posibles obstáculos cuando intentes determinar qué acciones son las más propicias para conseguir alcanzar cada uno de tus objetivos. Un plan de acción para tus objetivos, en pocas palabras, te ayuda a identificar los fallos en tus planes y los obstáculos para hacerlos realidad.

4. Te ayuda a medir tu progreso.

Un buen plan de acción contiene una descripción detallada de lo que tienes que hacer, en qué momento, de qué manera y qué resultados cabe esperar. Con esos detalles establecidos, tienes un criterio para medir tu progreso hacia el logro de tu objetivo principal. Piénsalo como si estuvieras cursando diferentes asignaturas en la universidad, donde hay un número determinado de materias de las que tienes que examinarte cada año. Tu desempeño en el primer año determina tu nota media del curso. Añade lo que hagas en tu segundo año y tendrás un nuevo promedio de calificaciones. Según vayas avanzando en el programa, serás consciente de lo bien que lo estás haciendo y de cuánto queda por hacer.

5. Te ahorra tiempo y recursos.

Según todo lo que hemos visto hasta ahora, una cosa está más que clara: un buen plan puede ahorrarte un montón de tiempo y de esfuerzo. Si tienes planificados tus movimientos por adelantado, no cometerás errores obvios. No podemos negar el hecho de que es más sencillo meterse en algo que salir de algo. Al planificar cuidadosamente tus objetivos, tomarás las precauciones necesarias antes de comprometer tus recursos en un proyecto que puede, o no, llegar a buen puerto.

Características de un buen plan de acción

¿Cuáles son las características que debe tener un plan para considerarse excelente?

1. Comienza con un objetivo claro y por escrito.

Un plan de acción sólido empieza siempre con un objetivo perfectamente redactado. Sí, **necesitas plasmar tu plan por escrito**, porque esto te permite tener una visión clara de hacia dónde te diriges. Necesitas conocer tu objetivo principal antes de poder dividirlo en hitos u objetivos más pequeños.

Te sorprendería la cantidad de gente que tan solo tiene objetivos a corto plazo, pero ninguno a largo plazo. Así, simplemente pasan de querer una cosa a querer la siguiente. Puede que deseen un coche nuevo durante algunos meses hasta que lo consigan o se rindan, y luego, dirijan su atención a perder esos kilitos de más, por ejemplo. Estos pequeños objetivos pueden ser maravillosos, pero sin un «gran» objetivo a largo plazo claro, estas personas quizás miren hacia atrás y les resulte difícil vincular todos estos pequeños éxitos aislados con un propósito de vida, lo que puede terminar haciéndoles sentir vacíos. Por esto, necesitas escribir tu gran objetivo; una declaración que resuma todos los pequeños hitos u objetivos que debes ir completando hasta lograr tu meta u objetivo principal.

Un objetivo debidamente escrito no debe expresar un sueño o una mera fantasía – debe expresar un objetivo, grande, sí, pero realista. Esto se consigue proporcionando el mayor número de detalles posible y evitando caer en vaguedades o ambigüedades. Por ejemplo, esta «declaración de intenciones» no debe limitarse a decir que deseas lograr la independencia financiera o aumentar tus ingresos. En su lugar, debe proporcionar medidas claras y específicas. Debe indicar la cantidad exacta que necesitas, o deseas, aumentar tus ingresos y el plazo concreto dentro del cual quieres conseguirlo. Esto es crucial para poder medir y cuantificar.

«Aumentar mis beneficios mensuales de 1.500€ a 3.000€ mediante dos fuentes de ingresos diferentes en los dos próximos años» es mejor objetivo que «Quiero ganar más dinero», que es más un deseo que un objetivo. Escribirlo también te recordará regularmente tu objetivo y te mantendrá centrado y motivado en la meta. Puedes incluso dejar este objetivo por escrito en un lugar visible como recordatorio: en la puerta del frigorífico, en espejo del baño, como fondo de pantallas de tu ordenador o teléfono móvil... Tener tu objetivo por escrito y a la vista lo mantendrá vivo.

2. Haz una lista de lo que debe hacerse.

Toma el aumento de ingresos como ejemplo. Hay varias cosas por hacer: como reducir gastos innecesarios, invertir más en marketing, desarrollar nuevas habilidades o crear una nueva marca por completo. Tu plan debe contener todos estos aspectos, siendo cada uno de ellos un hito que debe cumplirse. Es el logro de cada uno de estos hitos lo que te conducirá al objetivo «general» de aumentar tus ingresos y por eso, un buen plan debe enumerar y detallar cada una de estas tareas o actividades a realizar para lograr tu objetivo principal.

3. Haz una lista de quién debe hacer qué.

El hecho de que tengas un objetivo personal no significa que no haya otros objetivos más pequeños dentro de tu objetivo principal que otras personas puedan hacer por ti. Como gerente de ventas, por ejemplo, aumentar tus ingresos puede depender de la suma que obtengas como bonificación por el número de ventas. Si tienes que llegar a un cierto umbral para conseguir ese bono, sin duda tienes que aumentar tus habilidades de gestión, pues todo lo que hay que hacer no depende solo de ti: tienes representantes que deben salir a vender, un equipo que administra los datos y realiza un seguimiento de las cifras, ...

Sería extraño que pudieses completar un gran objetivo por ti solo, lo normal es que diferentes personas vayan a estar implicadas de una u otra manera en la consecución de éste. Por tanto, necesitas comprender los roles que hay que desempeñar y quién se van a encargar de cada uno ellos.

4. Determina cómo debe hacerse.

No basta con saber qué debe hacerse y quién debe hacerlo, sino que también tienes que especificar cómo debe hacerse. De hecho, este punto destaca la razón principal por la que necesitas un plan de acción para lograr tu objetivo: porque detalla los pasos a seguir para lograrlo. Para cada pequeño objetivo que tengas identificado, es necesario que especifiques la manera de lograse. Por ejemplo, si quieres empezar un blog, ¿cómo planeas monetizarlo? ¿Cuál es tu estrategia? ¿En qué nicho deberías aventurarte? ¿Piensas usar Google AdSense o marketing directo? ¿Venderás algún producto en tu blog? ¿Tienes un plan para generar clientes potenciales y un sistema de email marketing? ¿Qué servicio de *hosting,* o alojamiento web, utilizarás? Tu plan debería responder a todas estas, y muchas más, preguntas.

5. Determina cuándo se va a hacer.

Sí, después de determinar lo que se debe hacer, quién debe hacerlo y cómo debe hacerse, la siguiente pregunta es cuándo debe hacerse. Es necesario tener una secuencia y un orden lógico para todo lo que necesitas hacer, pues no puedes perseguir objetivos al azar. Necesitas tener un cronograma claro de cuándo debe ser alcanzado cada hito u objetivo, porque si no, puedes terminar poniendo «el carro delante del caballo». Tu marco temporal debe incluir tanto una programación donde se indique cuándo debe comenzar la ejecución de cada objetivo menor, como el tiempo estimado para la realización de éstos.

6. Expresa tus expectativas.

¿Cuáles son las expectativas que tienes para cada uno de los objetivos que has identificado anteriormente? Es necesario que indiques el resultado esperado – con detalles concretos – además de los requisitos mínimos que deben cumplirse antes de que puedas dar un objetivo por completado.

Por ejemplo, para poder aumentar tus ingresos a través de un blog, primero debes aprender los aspectos básicos de este para, a continuación, proceder a crear y administrar el tuyo. Puedes establecer un periodo de tiempo para ello y unos requisitos mínimos que deben alcanzarse, como «poder tener el primer borrador de mi blog listo al final de la tercera semana de aprendizaje». Por lo tanto, si para entonces no has logrado ese resultado, sabrás qué tan atrás te estás quedando y qué tan rápido deberías ir.

7. Resalta las debilidades y amenazas potenciales de tu plan.

¿Tus planes tienen debilidades? Por supuesto, todo plan se puede mejorar, por lo que es muy probable que el tuyo tenga ciertas debilidades. No existe un plan perfecto y eso algo que debes saber. Hay muchas variables hasta lograr un objetivo, y no todas estarán bajo tu control directo. Permíteme ponerte un ejemplo muy sencillo: si creas un blog y tienes que llenarlo de contenido, puedes elegir escribirlo tú mismo o subcontratarlo. La segunda opción significa que podrías tener que confiar en un escritor fantasma, o *ghostwriter*, independiente que deberá hacer las entregas según lo acordado. Esto podría producir retrasos fuera de tu control y a su vez amenazar el buen desempeño de tu blog. Por lo tanto, es una debilidad o amenaza potencial que debes tener en cuenta y, a ser posible, minimizar.

Todo plan tiene al menos un punto débil. No puedes pretender eliminarlos todos, pero sí puedes intentar preverlos y realizar ajustes de tiempo, esfuerzo, estrategias o costes para reducir el impacto de estos. Incluso si no tienes la solución para tus debilidades, ser consciente de su presencia potencial, y planificar en consecuencia, ya es ir en la dirección correcta.

8. Incluye detalles para cada elemento de la lista.

Ya he mencionado que, al establecer tu plan, necesitas identificar los pequeños objetivos o hitos que necesitarás ir alcanzando de manera acumulativa hasta llegar a tu objetivo principal. Esta es la razón por la que algunos autores han descrito cada gran plan como un «plan multitarea», lo que significa que tendrás planes detallados dentro de un gran plan detallado.

Si bien el plan para el objetivo principal indicará los objetivos específicos que se deben alcanzar primero, puedes proporcionar más detalles para cada uno de estos por separado. Este mayor nivel de detalle requiere prestar la máxima atención a un gran número de aspectos, y el primero es el conocimiento. Adquirir el conocimiento necesario es algo indispensable: no puedes empezar un blog a menos que sepas de marketing online; no puedes empezar tu agencia inmobiliaria si no estás familiarizado con los bienes raíces; etc.

9. El plan es para ti y no al revés.

Se dice que la ley está hecha para el hombre y no el hombre para la ley. Esto también se aplica a lo que aquí nos concierne: el plan está hecho para ti y no tú para el plan. Comprender esto evitará que sigas un plan ciegamente. Si algo sale mal, o hay un cambio en las variables, debes ser lo suficientemente atrevido como para hacer los ajustes necesarios, proporcionar alternativas o elaborar un plan completamente nuevo. Tu interés debe ser la principal prioridad. No permitas que los sentimientos te mantengan fiel a un mal plan hasta que ya sea demasiado tarde.

La esencia del proceso de planificación

De acuerdo, permíteme ofrecerte una dosis de realidad: no puedes alcanzar el éxito siguiendo al pie de la letra el plan que has trazado. ¿Por qué? Los factores nunca son permanentes y tendrás que adaptarte a las nuevas realidades continuamente. Los planes están basados en nuestras suposiciones acerca de diferentes variables en el momento de elaborarlos.

Piensa en los planes como en ir a la guerra contra un enemigo: reúnes todo el conocimiento posible sobre el enemigo – el tamaño de su ejército, el tipo de armas y municiones que usará, sus éxitos pasados, sus aliados, … –, preparas tu plan basándote en ese conocimiento y luego te lanzas a la guerra. En el campo de batalla, descubres que no toda tu información sobre el enemigo era correcta: quizás planeaste enfrentar un ejército grande y terminas enfrentándote a uno más pequeño, o viceversa; tal vez su armamento resultó ser mayor del que pensabas, contaba con aliados inesperados, etc. En este punto, será imprescindible que realices modificaciones sobre tu plan original si no quieres que el enemigo te saque ventaja o termine ganando la batalla. Los planes de vida funcionan de la misma manera.

En el momento en el que pongas tu plan en marcha, te darás cuenta de que habías subestimado o sobreestimado ciertas cosas, lo que requerirá que modifiques, no solo tu enfoque hacia el objetivo, sino también los recursos necesarios para lograrlo. De hecho, en algunos casos, puede que termines modificando el 50% de tu plan, si no más. Entonces, ¿cuál es la esencia de tener un plan en primer lugar? La respuesta está en el proceso de planificación.

El plan no es tan importante como el proceso de planificación en sí mismo. Este último requiere que hagas una meticulosa investigación, que entiendas el funcionamiento de determinadas variables, que consideres posibles alternativas al enfoque elegido, y que evalúes críticamente tus objetivos y su viabilidad. El proceso de planificación te equipa con la disposición y las habilidades necesarias para adaptarte a las circunstancias cambiantes del entorno; lo que maximizará las posibilidades de lograr tus objetivos.

Divide tus objetivos en largo, medio y corto plazo

La manera más efectiva de lograr tus objetivos en la vida es dividiendo tus grandes objetivos en objetivos más pequeños. Todo buen plan debe incluir objetivos a largo, medio y corto plazo. Trocear tus grandes objetivos u objetivos a largo plazo en pequeños objetivos semanales o diarios hará que te sea mucho más fácil centrarte en ellos y, por tanto, alcanzarlos.

Empieza por objetivos a largo plazo. ¿Qué quieres lograr en los próximos cinco años? Estos grandes objetivos requieren de tiempo para conseguirlos: como comprar una casa, terminar la universidad, o empezar tu propio negocio. Tus objetivos a largo plazo son la base para establecer el resto de objetivos, pues definen dónde quieres estar en el futuro. Ya sabes, esta bien soñar en grande, pero siempre siendo realistas.

Continua por los objetivos a medio plazo. Estos serán los grandes peldaños que te acerquen a tus objetivos principales. Por ejemplo, si tu objetivo principal es comprar una casa, un buen objetivo a medio plazo podría ser ahorrar el 15% del depósito que te exigirá el banco para concederte la hipoteca. Estos objetivos también deben tener plazos específicos, pues te ayudarán a mantener el foco y no despistarte.

Por último, céntrate en los objetivos a corto plazo. Estos son objetivos que puedes alcanzar relativamente fácil. Son tareas accionables en las que puedes empezar a trabajar inmediatamente. Establece objetivos a corto plazo para cada trimestre, por ejemplo. Puedes empezar a investigar cuánto cuestan las casas de tu zona, proponerte disminuir tus gastos, pensar en modos de generar más ingresos, etc. Estas sencillas tareas u objetivos te irán guiando hacia tu objetivo final.

Este capítulo ha tratado ampliamente la planificación porque es un aspecto crítico y que muchas personas pasan por alto. Si no te tomas en serio este proceso, te sentirás abrumado por sorpresas y contratiempos inesperados. Cuando diseñas tu plan te estás familiarizando con las diferentes rutas hacia tu meta, al mismo tiempo que te preparas para lidiar con factores imprevistos, que seguramente entrarán en juego. La planificación te mantiene en control y te da un mapa con el que trabajar.

Si no planificas tu éxito, estás planificando tu fracaso.

Resumen del capítulo

No puedes alcanzar tus objetivos si no tienes un mapa para el viaje que tienes por delante. Necesitas diseñar un plan detallado que deje lo mínimo posible al azar, que te ayude a adelantarte a los reveses y te aporte alternativas. Debe contener instrucciones claras y los pasos a seguir. El proceso de planificación te hace tomar conciencia de todas las variables y factores que pueden entrar en juego y te mantiene al mando.

Consigue un mapa

- Empieza con un objetivo claro y por escrito.
- Enumera todo lo que debe hacerse, quién debe hacerlo, cómo debe hacerse y cuando debe hacerse.
- Define tu objetivo principal (o a largo plazo) y luego divídelo en objetivos más pequeños a medio y corto plazo.

Capítulo 4

¡Asegura tus objetivos!

«Si quieres ser feliz, establece un objetivo que dirija tus pensamientos, libere tu energía e inspire tus esperanzas.»
— Andrew Carnegie

Ya has decidido tus objetivos, pasado por el proceso de planificación, trazado un plan integral... ¿Eso todo? ¡Todavía no!

Alcanzar objetivos implica asumir riesgos. En la vida y en los negocios, la mejor forma de prepararse ante los peligros inesperados es contando con algún tipo de seguro, así que necesitas aplicar este mismo principio a tus objetivos. ¡Sí! Puedes asegurar tus objetivos contra cualquier amenaza, así como aseguras una propiedad contra incendios o daños.

¿Cómo puedes hacer que tus objetivos sobrevivan a todo tipo de desafíos? Asegurar tus objetivos comienza por asumir tu responsabilidad y termina con la búsqueda de una fuente inagotable de motivación. En este capítulo, te ayudaré a descubrir cómo hacerlo.

Asume el 100 % de la responsabilidad

Estamos programados para encontrar una excusa a cada situación desagradable en la que nos vemos involucrados. ¿Por qué he suspendido el examen? ¿Por qué las ventas de mi empresa están disminuyendo? ¿Por qué mi vida sentimental va de cabeza? ¿Por qué estoy engordando? Probablemente te preguntas esto mismo o algo similar y luego, automáticamente, te pones a buscar razones que te absuelven de toda culpa.

«Las preguntas fueron muy difíciles y no tuve suficiente tiempo»; «La nueva estrategia de marketing de mi competidor está robándome los clientes»; «Mi pareja probablemente me está exigiendo demasiado y no hay nada que pueda hacer»; «Como tanta comida basura porque paso todo el día en el trabajo y no tengo tiempo de cocinar». ¿Se parecen estas respuestas a las que tú te das a ti mismo? Bueno, eso es porque la mayoría de las personas ofrecemos el mismo tipo de respuestas, que nos permiten mantenernos libres de la culpa y descargarla sobre otros. Puede que culpes al tiempo, a tu trabajo o al Gobierno, pero seguramente siempre acabas encontrando formas ingeniosas para no asumir tu responsabilidad y pasar la culpa a otra persona o factor.

Tú nunca eres quien tiene el problema, ni eres la razón de éste. Siempre encuentras alguna manera de responsabilizar a los demás de tus desgracias, y por eso sigues cometiendo el mismo error una y otra vez. Si no admites que el problema está en ti, no harás ningún esfuerzo para cambiar lo que estás haciendo.

Lamentablemente, esto también implicará que te resulte más difícil alcanzar tus objetivos. ¿Por qué? Porque incluso antes de empezar a perseguirlos, ya has cedido la responsabilidad que estos conllevan a otras personas o factores fuera de tu control.

Por lo tanto, la primera parte de tu póliza de seguros tiene que ver con asumir total responsabilidad de tus objetivos, de tus planes y de los resultados que obtienes. Sí, estoy diciendo que tienes que empezar a asumir la culpa de tus errores. Lo siento. No fue por las preguntas que suspendiste el examen, sino por tu esfuerzo, o mejor dicho, por tu falta de esfuerzo. Tu jefe no es la razón de que te despidieran, sino tú mismo; quizás hubo que hacer recortes y tú no eras lo suficientemente valioso como para mantenerte en nómina. Tu pareja no es la razón por la que estás engordando, sino tú, porque nadie te ha estado (sobre)alimentando a la fuerza con comida basura. Incluso cuando otros te hacen daño, tú sigues siendo el culpable. ¿Por qué? Porque de ti depende cómo reaccionas. Solo tú puedes decidir si te tomas los ataques de forma personal y permites que lo que digan o hagan los demás tenga la capacidad de herirte.

«No podemos elegir nuestras circunstancias externas, pero siempre podemos elegir como responder a ellas.» — Epicteto

Tu reacción a lo que te sucede en la vida determinará lo que puedes llegar a conseguir. Nadie puede borrar tu sonrisa a no ser que se lo permitas; nadie te puede hacer sentir miserable si no se lo toleras. No ganas peso si tomas medidas para evitar que suceda. ¡No! Tú eres responsable del 100% de los resultados que obtienes. Cuando comprendas y aceptes esto, tu enfoque hacia tus objetivos, y hacia la vida en general, cambiará. Cuando dejas de trasladar la culpa al primero que pasa, te vuelves más proactivo y competente en la consecución de tus objetivos. Tienes que aceptar la responsabilidad y asumir la culpa.

¡Ojo! Mucho cuidado con detenerte a recrearte en la culpa. Centrarte en la sensación de culpa puede hacer que te desmotives o incluso que te deprimas, en lugar de servir de impulso para enmendar tus errores. Una vez asumida la culpa debes ponerte en marcha enseguida. Si tus planes no funcionan, acepta la responsabilidad y céntrate inmediatamente en encontrar una solución.

La diferencia entre una persona con éxito y una persona sin éxito es que la primera acepta la responsabilidad y, de inmediato, se centra en encontrar una solución, mientras que la segunda no admite su responsabilidad y, por lo tanto, no intenta arreglar «lo que no está roto». Y, si finalmente admite el problema, se centrará en este en lugar de en la forma de hallar la salida.

Cuando digo que debes aceptar toda la responsabilidad, también quiero decir que necesitas controlar tus emociones, particularmente las negativas. Es imposible no tenerlas y, de hecho, sentir estas «vibraciones negativas», es un signo de fortaleza mental o inteligencia emocional. Lo importante es no quedarte atrapado en estas emociones negativas que puedas sentir, sino controlarlas y dejarlas fluir a través de ti, dejarlas ir. Puedes hacer esto manteniendo una mentalidad positiva, no solo sobre ti mismo, sino también acerca de los demás.

En el mismo momento en el que asumas tu responsabilidad, comienza a planificar una salida de tu fracaso.

Creencias y visualización

Eres un reflejo de lo que pasa en tu mente, es decir, lo que expresas con palabras y hechos es una fiel manifestación de lo que realmente sucede en tu cabeza. A la mente le es indiferente lo que decides meter en ella. Funciona basada en el principio de «basura entra, basura sale», por lo que si la alimentas con positividad, irradiarás energía y emociones positivas. Si, por el contrario, la llenas de negatividad, irradiarás energía y emociones negativas. La mente toma lo que le damos y lo multiplica. Por ello, necesitas aprender a usarla a tu favor a través de la visualización.

¿Cuál es tu objetivo? ¿Tener una casa con la hipoteca totalmente pagada de aquí a cuatro años? En caso afirmativo, intenta visualizarte en ella, obsérvate a ti mismo en esa casa como si ya hubieras terminado de pagar la hipoteca y fuera completamente tuya, libre de deudas. Si quieres correr, o ganar, tu primera maratón, cierra los ojos e imagínate en el último tramo luchando por el primer puesto, tomando la delantera y cruzando el primero la meta. Deja que esa sensación de éxito descienda a través ti y te invada.

El poder de la visualización empieza con el poder de creer en ti mismo. Si tú crees que realmente eres capaz de conseguir algo, ser capaz de visualizarte a ti mismo como si ya lo hubieras logrado no te será complicado.

«Te conviertes en lo que piensas la mayor parte del tiempo» — Brian Tracy.

Sí, tus acciones son un reflejo de tus pensamientos y tus pensamientos son un reflejo de lo que tú crees sobre ti mismo. Si puedes visualizar continuamente tus objetivos serás capaz de conseguirlos.

La visualización te servirá de seguro para tus objetivos, grabándolos en tu subconsciente. Una vez que tus objetivos formen parte de tu psique, tus acciones irán encaminadas a lograrlos sin que ni siquiera tengas que pensar en ello.

Alinea tus objetivos con tus valores

Uno de los motivos por los que muchas personas nunca llegan a estar satisfechas con sus vidas es la disonancia entre sus acciones y sus valores. La verdadera felicidad llega cuando tu vida exterior es un reflejo de tu vida interior, lo que sucede dentro de ti. Es decir, solo cuando tus objetivos se alinean con tus valores más profundos, eres feliz. Por tanto, alinear tus valores con tus objetivos es otra forma de asegurarlos, pues si lo que haces te proporciona felicidad nunca dejarás de perseguir tus objetivos. Pero para ello debes cerciorarte de que tus valores son auténticos. Por eso he insistido en capítulos anteriores en que necesitas establecer objetivos que coincidan con tus aspiraciones auténticas.

Aplica el pensamiento de base cero

¿Estamos condenados a repetir los mismos errores una y otra vez? ¡No! El truco está en verlos desde otra perspectiva. Si todavía no la conoces, déjame presentarte una poderosa herramienta que te ayudará a transformar tus errores en lecciones: el «Pensamiento de base cero», o

Zero-based Thinking; una técnica que te permite analizar y evaluar objetivamente tus decisiones presentes y futuras basándote en tus propias experiencias pasadas. La premisa fundamental, el punto de partida, es hacerte esta pregunta:

¿Sabiendo lo que hoy sé, volvería a tomar la misma decisión?

Supongamos que no estás contento con tu trabajo: la relación esfuerzo-remuneración no es la que quisieras, tus jefes y/o compañeros te hacen la vida imposible, te sientes desgastado y frustrado con los resultados que obtienes, ... Si volvieran a ofrecerte ese mismo trabajo, sabiendo lo que hoy sabes sobre él, ¿lo aceptarías? Si la respuesta es no, cobrarás conciencia de que necesitas hacer cambios, quizás radicales, para salir de esa situación. Si, por el contrario, a pesar de los inconvenientes, tu respuesta es sí, entonces sabrás que estás avanzando en el camino que realmente elegiste, aunque necesite de algunos ajustes.

Si volvieras a conocer a tu actual pareja, sabiendo todo lo que sabes a día de hoy sobre esa persona, ¿volverías a comenzar una relación? Si no hubieras decidido hacer cierta inversión, o involucrarte en determinado negocio, teniendo el conocimiento que ahora posees, ¿lo harías de nuevo? Y te dejo una más, muy útil para definir prioridades: Si ocurriera alguna catástrofe o por alguna razón perdieras todas tus posesiones y tuvieras que comenzar de cero, ¿qué cosas repondrías primero? Si hay cosas que no extrañarías, es señal de que no son imprescindibles. Así con todo, trabajos, personas, e incluso recuerdos e ideales nostálgicos a los que nos aferramos.

La idea es actuar preventivamente hoy, planificando estratégicamente e intentando sacar tus emociones de la ecuación, para así evitar arrepentimientos mañana. Y si ya estás arrepentido de alguna decisión que tomaste, esta herramienta te permitirá «poner los puntos sobre las íes» y determinar qué cosas debes dejar de hacer, o comenzar a hacer de modo diferente. La vida es demasiado corta como para seguirte atormentándote con ciertas cosas que sabes que no están funcionando.

Mide tu progreso

¿Crees que basta con establecer tus objetivos, idear un plan, ponerlo en marcha y echarte a dormir? Pues no, también es necesario que midas tu progreso. ¿Qué tan lejos estás del comienzo de tu plan? ¿Qué tan cerca estás del final? ¿Puedes decir honestamente que has logrado algún progreso desde que comenzaste?

La esencia de establecer un objetivo es llegar a un destino, y cada paso que des debe acercarte más a él. La única manera de saber si tu plan está funcionando es medir tu progreso hacia los objetivos que tengas planteados. Como ya he comentado, el objetivo principal se divide en otros más pequeños que tendrás que implementar de forma gradual. Cada pequeño objetivo debe tener un plazo concreto para ser completado. Medir tu progreso te revelará exactamente dónde te encuentras y te mostrará lo que no has estado haciendo, pero deberías haber hecho, así como lo que debes hacer para seguir avanzando.

Medir tus objetivos es, por lo tanto, una de las mejores maneras de asegurarlos. Si lo haces correctamente, evitará que te desvíes del camino que te has trazado hacia tus objetivos y te ayudará a llegar hasta el final.

Asóciate con las personas adecuadas

La gente en tu vida no debería estar ahí solo por el hecho de estar; cada persona debe aportar algún valor. Esta regla aplica a todos los aspectos de tu vida, pero ojo, no confundas o limites ese valor únicamente a lo material. Una persona puede ser va-liosa en tu vida por el apoyo emocional que te proporciona. En esta categoría encontrarás a los miembros de tu familia y a tu pareja, por ejemplo.

Si realmente quieres avanzar en la vida y alcanzar tus objetivos, no debes limitarte a tu red actual de contactos, y puedes lograrlo de dos maneras:

La primera es eliminando las relaciones no beneficiosas, las que te roban tu tiempo o exigen demasiado de ti, pero te dan poco o nada a cambio. Deslígate de ellas. Otro tipo de relaciones que debes cortar de raíz, son aquellas que te lastiman (sea física, verbal, psicológica o emocionalmente). No solo no hay ningún beneficio en ellas, sino que pueden ser brutalmente perjudiciales, absorbiendo tu energía y llenándote de negatividad.

La segunda es expandiendo o construyendo nuevas relaciones. Tu círculo más cercano debe contener personas que sean valiosas para ti y que te ayuden a aproximarte a tus objetivos. Puedes hacer esa expansión de dos formas:

- La expansión sutil, que implica simplemente conocer a personas del campo que has elegido. Piensa en acercarte a un orador en un seminario al que acabas de asistir, solo para expresarle tu aprecio. Ese saludo amable hará más fácil que se pueda entablar una relación significativa más adelante.

- También está la expansión directa. Aquí, realmente necesitas a esas personas en tu vida. Podría tratarse de un nuevo talento creativo que necesitas contratar, un mentor que te asesore o aconseje, ... Que no te de vergüenza acercarte a ellos. Si realmente son esenciales para lograr tu objetivo, te estarías saboteando a ti mismo si no lo hicieses. Recuerda la regla: cualquier persona en tu vida debería aportarle valor.

Gestiona tu tiempo eficazmente

El tiempo es un concepto difícil de definir. Describe cómo un evento se relaciona con otro en términos cronológicos. Cuando hablamos de hacer algo dentro de un periodo de tiempo determinado, lo que estamos diciendo, básicamente, es que queremos sincronizar esa actividad con el desarrollo de otro u otros eventos. Por lo tanto, en realidad, somos nosotros, y no el tiempo en sí mismo, los que debemos gestionarnos para completar las actividades y objetivos que nos hemos marcado en el plazo deseado. A pesar de ello, y para simplificar las cosas, hablaremos de gestión del tiempo.

La mayor amenaza a la buena gestión del tiempo es la procrastinación, uno de los mayores «ladrones de tiempo». Tendemos a procrastinar cuando tenemos, o pensamos que tenemos, tiempo de sobra para completar nuestra tarea y/o porque ésta nos resulta abrumadora. El truco está en encontrar una manera de reducir intencionadamente el tiempo del que disponemos para completar dicha tarea, de tal manera que no podamos luego aumentarlo arbitrariamente para compensar el tiempo que hemos perdido.

Por otro lado, para enfrentarnos a la naturaleza abrumadora de la tarea lo más sencillo y efectivo es dividir la tarea en varias partes y asignar a éstas una porción del tiempo total disponible. Por ejemplo, si tienes que hacer un viaje largo desde el punto A hasta el punto D, la complejidad y la distancia podrían desbordarte, por tanto sería buena idea desglosar tu viaje en tres partes: la primera de A a B, la segunda de B a C y la tercera de C a D.

Completar una pequeña tarea resulta mucho más sencillo y la sensación de logro que acompaña a la consecución de éstas te motiva a ir a por la siguiente y luego la siguiente, así hasta que completes tu objetivo principal.

Como habrás podido observar, en realidad, todo lo mencionado trata sobre ti y no sobre el tiempo en sí mismo. Esta es la razón por la que la gestión del tiempo está directamente relacionada con la autodisciplina.

La verdad sobre la motivación

El diccionario Encarta define la motivación como «un sentimiento de entusiasmo, interés o compromiso que hace que alguien quiera hacer algo, o algo que provoque tal sentimiento». He reproducido esta definición porque me parece muy adecuada, ya que destaca el punto principal sobre la motivación: la necesidad de que sea autosostenible. La motivación es lo que te despierta por la mañana y hace que te levantes de un salto de la cama para lograr tus objetivos; es lo que te empuja a la acción y a permanecer en el camino hacia el éxito, incluso cuando parece que no estás haciendo ningún avance.

La motivación es el combustible que mantiene vivo tu motor, tu cuerpo. En ocasiones, lograr tus objetivos puede llegar a ser algo tremendamente complicado y costoso, pero si lo deseas lo suficiente, y durante el tiempo necesario, nada podrá evitar que lo consigas. La motivación es lo que te permite «desear lo suficiente» y «desear durante el tiempo necesario». Te ayuda a ponerte en pie y a continuar la carrera cuando las cosas se ponen difíciles.

Para mantener tu motivación: concéntrate en el objetivo, visualízalo, imagínate constantemente habiéndolo logrado y recuerda en todo momento por qué quieres conseguirlo.

Si tu objetivo es un destino y tu plan el mapa que marca el camino, la motivación es el combustible que necesitas para llegar hasta allí.

Resumen del capítulo

Fijar objetivos y diseñar planes para alcanzarlos no es garantía de éxito. Necesitas asegurar tus objetivos. Para ello debes asumir el 100% de la responsabilidad sobre todo lo que te pasa, visualizarte alcanzando tus objetivos y cerciorarte de que están alineados con tus verdaderos valores, pues solo así te proporcionarán la motivación necesaria para no desfallecer a mitad de camino y acabar tirando la toalla.

Asegura tus objetivos

- Tu progreso hacia tus objetivos debe ser medido y evaluado constantemente. Necesitas indicadores para hacerlo. Puedes ir analizando los pequeños hitos que te has propuesto y ver cuántos de ellos has completado según lo programado.
- Aplica el pensamiento de base cero para escapar de situaciones en tu vida en las que no te

hubieses metido sabiendo lo que sabes ahora o, al menos, para hacer los ajustes necesarios.

- Gestiona tu tiempo de forma efectiva. El tiempo es una medida del éxito; elimina las distracciones y evita procrastinar. Céntrate en lo que necesitas hacer y aborda las tareas con decisión para llevarlas a cabo lo más rápido posible.

- Las personas de las que te rodeas influyen en tu capacidad de trabajar por tus objetivos. Mantén relaciones sanas y provechosas y huye de la gente negativa.

- Utiliza la visualización para grabar tus objetivos en tu subconsciente, de esta forma, seguir los planes trazados te resultará algo sencillo y natural.

Capítulo 5

Si te caes diez veces, ¡levántate once!

«Para tener éxito debes fallar, y así sabrás qué no hacer la próxima vez.»
— Anthony J. D'Angelo

Imagina que estás dando un paseo a caballo. De repente el animal se encabrita, se pone a dos patas y te tira al suelo. ¿Qué haces? ¿Te quedas ahí sentado y te niegas a volver a subirte? ¿O tratas de entender por qué te caíste del caballo y luego vuelves a intentarlo?

Vamos a relacionar esta metáfora con una historia real.

Al comienzo de este siglo, J. K. Rowling se convirtió en la primera autora multimillonaria de la historia gracias a la aclamada serie de Harry Potter. Sin embargo, esta historia de éxito fue de todo menos sencilla. De hecho, esta escritora paso por tantos problemas que nadie la habría culpado por abandonar sus objetivos y darse por vencida.

Joanne Rowling nació el 31 de julio de 1965 en el lecho de una humilde familia inglesa. Desde su infancia, la joven Joanne siempre tuvo interés por los cuentos y solía escribir historias de fantasía que leía con frecuencia a su hermana Dianne. Sin embargo, sus esfuerzos y su deseo de ganarse la vida como escritora no recibieron mucho apoyo por parte de sus padres.

En 1982 se presentó a los exámenes de ingreso a la Universidad de Oxford, pero no fue aceptada y acabó estudiando francés en la Universidad de Exeter con el propósito de encontrar después trabajo como secretaria bilingüe. Cuando se graduó, consiguió trabajo como traductora para Amnistía Internacional, pero nunca disfrutó de las tareas secretariales. Simplemente no estaba hecha para esa vida, ¡así que renunció!

En 1990, la inspiración para el tema central de los libros de Harry Potter llegó a Joanne mientras esperaba su tren de Manchester a Londres. Desgraciadamente, ese mismo año la madre de Rowling, Anne, murió después de diez años luchando contra la esclerosis múltiple, lo que afectó en gran medida su vida y su escritura. Para escapar del dolor, y tras leer un anuncio en The Guardian, se trasladó a Oporto en Portugal para enseñar inglés. En dieciocho meses se casó con un periodista portugués, concibió a su hija Jessica y se divorció. A finales de 1993, regresó a Gran Bretaña sin un centavo, sin planes claros de futuro y dependiendo de las ayudas del gobierno.

A pesar de las dificultades que enfrentó, la pasión por escribir de Joanne siempre se mantuvo viva y finalmente, en 1995, su primer manuscrito estaba terminado y listo para publicarse. ¿Las editoriales se abalanzaron sobre ella disputándose quién publicaría su libro? ¡Nada de eso! De hecho, doce grandes casas editoriales rechazaron su obra. Solo una pequeña editorial decidió apostar por ella y publicó su libro – no sin antes aconsejarle que empezase a buscar otro trabajo, pues no tenía mucho talento como escritora.

Y el resto... es historia.

Es fácil observar historias de éxito similares y fijarnos tan solo en las victorias, pero no se pueden pasar por alto los fracasos y los obstáculos que se han tenido que superar para llegar hasta allí. J. K. Rowling sufrió depresión, perdió a su madre, su matrimonio no funcionó y se quedó sin un céntimo mientras tenía que cuidar de su hija. Sin embargo, nunca se rindió porque supo entender que todos los reveses y circunstancias adversas que tuvo que enfrentar eran valiosas lecciones que el fracaso le estaba proporcionando.

Prestas más atención cuando el fracaso es tu maestro, pues harás todo lo necesario para evitar fallar de nuevo. No puedes tener éxito sin fracasar en el camino. Como dijo Sir Winston Churchill, «el éxito consiste en ir de fracaso en fracaso sin perder el entusiasmo». Por lo tanto, no debes centrarte en no caerte del caballo, sino en volver a subirte tan pronto como esto suceda.

Los contratiempos pueden manifestarse de muchas, y muy variadas, maneras. Y aún así, ninguno de estos contratiempos que puedas tener que enfrentar será algo nuevo. Muchas personas los han enfrentado y derrotado antes que tú. En este capítulo veremos cómo lidiar con estos reveses o imprevistos para poder así lograr tus objetivos.

Considera el fracaso desde una nueva perspectiva

El 97% de la gente solo tiene una forma de concebir el fracaso: como una derrota. Esta es una de las principales razones por las que siguen atascados y por las que han logrado poco o nada a lo largo de sus vidas. El 3% restante ve el fracaso de manera diferente, y esa es la razón por la que les resulta más fácil alcanzar el éxito, repetidamente, en la vida. De poder elegir, no cabe duda de que todos elegiríamos pertenecer al ese pequeño 3%, la pregunta es: «¿cómo puedes empezar a ver el fracaso de manera diferente?».

El fracaso no es una derrota, tan solo es una lección que nos enseña que el método actual no está funcionando. A partir de aquí, puede que debamos revisar el método empleado o el problema que tratamos de resolver.

Pongamos como ejemplo uno de los mayores logros de la humanidad: volar.

Desde tiempos inmemoriales, el hombre ha querido surcar los cielos.

Mil años atrás ya éramos los amos de la tierra y de los mares, pero todavía nos quedaban por conquistar los aires. Aunque sin plumas y sin alas, aquello pareciera una proeza imposible y a pesar de que los hombres más sabios de la época habían dictaminado que el hombre nunca podría volar – un juicio a todas luces muy sensato –, nuestro deseo seguía ahí.

Fueron cientos los intentos por elevarnos por encima del suelo, algunos cómicos y otros trágicos, pero la humanidad nunca se dio por vencida y entonces empezó a suceder algo extraordinario; los fracasos hacían que nuestros intentos fuesen cada vez mejores. Finalmente, el 17 de diciembre de 1903, los hermanos Orville y Wilbur Wright registraron el primer vuelo tripulado de la historia, que duró 12 segundos y recorrió 37 metros.

Después de todo, sí podíamos volar.

Y qué decir de la historia de Thomas Edison y «su bombilla». Dependiendo a quién preguntes, te dirá que Thomas Edison no fue el inventor de la bombilla, pues otros ya lo habían hecho antes que él. Pero lo que otros habían conseguido no eran bombillas comercialmente viables. Y fue en este aspecto en el que Edison centró su atención.

La solución no llegó de forma rápida ni sencilla. Los informes hablan de miles de intentos fallidos. Pero Edison nunca se desanimó y finalmente, en 1880, logró fabricar la primera bombilla comercialmente viable y nos dejó esta célebre frase para la posteridad: «No he fracasado, solo he encontrado 10.000 soluciones que no funcionan».

Los fracasos temporales siempre preceden al éxito. No lo previenen. Por tanto, debes ver el fracaso como un trampolín hacia el éxito. Una vez que entiendas que no es posible evitar los fracasos y que éstos son temporales, te unirás a ese 3% de la población capaz de alcanzar el éxito repetidamente.

El miedo al fracaso es una emoción aprendida y como todo lo aprendido, puede desaprenderse. A partir de ahora cada vez que, ante un contratiempo u obstáculo en el camino, notes que esta emoción empieza a aparecer, aplica estos cuatro pasos:

1. Revisa

¿Qué causó el contratiempo? ¿Existió información errónea? ¿Qué factores no contemplaste? Un contratiempo implica que algo no ha salido como esperabas, por lo tanto, necesitas revisar tu plan para encontrar en qué te equivocaste o qué no tuviste en cuenta.

2. Aprende

Muchas veces el fracaso significa que hay una brecha de conocimiento que debes subsanar, así que necesitas adquirir nuevas competencias o habilidades que te ayuden a hacer un nuevo y mejor intento. También puede serte muy útil comprobar qué han hecho de forma diferente las personas que han tenido éxito anteriormente.

3. Ajusta

«Locura es hacer lo mismo una y otra vez esperando obtener resultados diferentes» – Albert Einstein. Como tú no estás loco, necesitarás hacer ajustes tanto en tus objetivos como en tus planes si quieres que tu próximo intento tenga éxito. Tienes que encontrar una solución diferente para el problema que tienes enfrente y utilizar esta solución como la plataforma desde la cual hacer un nuevo intento.

4. Vuelve a intentarlo

No has fracasado hasta que dejas de intentarlo. Por tanto, debes hacer un nuevo intento. Un nuevo intento significa que has cambiado tu enfoque o que posees una mayor comprensión del problema y sabes qué hacer para evitar los mismos errores. Incluso si no das con la solución perfecta, prueba de nuevo, no te rindas.

Aprende a lidiar con las críticas

Uno de los grandes problemas a los que podemos llegar a enfrentarnos en la vida es la «indefensión aprendida» o «impotencia aprendida». Este término hace referencia a la condición de un ser humano (o animal) que ha «aprendido» a comportarse pasivamente, con la sensación de no ser capaz de hacer nada y que no responde a pesar de que existen oportunidades reales de cambiar la situación adversa. Es una condición que, como tantos otros problemas, se origina en la infancia. Comienza con el niño al que no se le reconocen las cosas que hace bien y termina con el niño al que se le critica por todo lo que hace mal.

Cuando los padres o los tutores se niegan a reconocer o alabar a los niños por hacer algo bien, éstos terminan sintiéndose inadecuados, insuficientes. Como no logran ver que lo que acaban de hacer es algo bueno, cuando llega la oportunidad de repetirlo, eligen no hacerlo o, si no tienen otra opción, ponen poco esfuerzo. Esto se debe a que creen que no importa cuánto lo intenten, ya que nunca podrán hacerlo bien.

Esto es la indefensión aprendida, y muchos de nosotros la sufrimos sin saberlo. Nos acompaña desde niños hasta la vida adulta. Puede ser la base de una baja autoestima y de la falta de confianza en nosotros mismos. La indefensión aprendida es un sentimiento de ineptitud, la sensación de que uno nunca estará a la altura. Este sentimiento, por un lado, te priva de la capacidad de establecer objetivos para ti mismo – pues nunca crees que los mereces – y por otro, te absorbe cualquier energía o motivación que puedas tener para perseguirlos.

Por suerte, como cualquier otra condición aprendida, esta conducta puede ser desaprendida mediante la práctica de la autoapreciación. Cada vez que logras un objetivo, por pequeño que este sea, tu cerebro te recompensa con una sensación de placer gracias a la liberación de lo que se conoce como «hormonas de la felicidad». Tienes que sumergirte en esta sensación placentera. Lleva un diario de tus pequeñas y grandes victorias para recordártelas cuando sea necesario. El propósito es integrar ese sentimiento de capacidad y suficiencia en tu subconsciente, porque una vez allí, tus acciones se alinearán con él.

Las personas siempre te van criticar, independientemente de si triunfas o si fracasas. Toma nota de las críticas constructivas e ignora aquellas envenenadas o destructivas. Es la mejor forma de mantener tu autoestima... y tu cordura.

Resumen del capítulo

El fracaso no es definitivo, rendirte sí lo es. El éxito suele ser el resultado de repetidos fracasos. Los contratiempos son una parte necesaria de la ecuación; nos indican que hay algo que no estamos haciendo bien o que no hemos tenido en cuenta y nos permiten hacer las modificaciones necesarias en nuestro plan; no son la confirmación de que no eres lo suficientemente bueno, sino el filtro para aquellos que no están lo suficientemente motivados para continuar.

Si te caes diez veces, ¡levántate once!

- Todo fracaso trae consigo una lección de la que podemos aprender. Estudia tus errores y úsalos para mejorar.
- El fracaso no es algo definitivo ni permanente. Con cada fracaso aprendes una nueva forma de cómo no deben hacerse las cosas y te aproximas más y más a tus objetivos.

- Sumérgete en la sensación placentera que trae consigo la consecución de tus objetivos, por pequeños que estos sean, de esta forma integrarás en tu cerebro el sentimiento de capacidad y autosuficiencia.

Conclusiones

La ruta hacia el éxito se cobra muchas víctimas por el camino. Mucho son llamados, pero son pocos elegidos. ¿Por qué?

Muchas personas no tienen una imagen clara de lo que es el éxito. No tienen objetivos y viven en piloto automático sin dirigirse a ninguna parte. Se mueven, pero sin progresar, en círculos, sin un fin concreto, sin un verdadero propósito.

Otras personas sí saben cuáles son sus objetivos, pero no tienen un mapa para llegar hasta ellos. En lugar de crear sus propios planes hasta sus objetivos, continúan perdiendo el tiempo con los planes de otras personas. Se embarcan en múltiples planes a la vez. Terminan llegando a muchos lugares, pero ninguno es donde realmente quieren estar y acaban sintiéndose frustrados.

Algunas personas sí tienen sus objetivos definidos y el mapa correcto para llegar hasta ellos, pero carecen de la motivación necesaria para lograrlo. Siempre terminan dejando las cosas a medias y abandonan sus intentos. El suyo es un caso triste; muchas veces se quedan sin energía justo antes de llegar a su destino. Puede que incluso animen a otros y les muestren el camino, pero ellos mismos no son capaces de llegar hasta allí. Saben dar el consejo correcto, pero no seguirlo.

Los derrotistas tampoco logran alcanzar sus objetivos, porque renuncian ante los fracasos y los contratiempos. No entienden que los fracasos están ahí para enseñarles una lección y, en lugar de crear soluciones alternativas, eligen rendirse e intentar otra cosa. No es una exageración decir que aquellos que se rinden, fracasan de la forma más cobarde.

Si quieres alcanzar el éxito, no te puedes permitir caer en ninguna de estas categorías de personas. Necesitas un objetivo, un plan, motivación y perseverancia para alcanzarlo.

En este libro has aprendido por qué necesitas un objetivo que te sirva como destino. Debes elegir tus objetivos por las razones adecuadas si quieres que te mantengan centrado y motivado. Además, tienes que disponer de un buen plan, hecho a tu medida, que te sirva como mapa para alcanzar tus objetivos escalonadamente, estableciendo pequeños hitos que se irán sumando hasta alcanzar tu objetivo principal. La motivación no es negociable; debes modelar tu forma de pensar para que sirva de vehículo hacia tu destino. Para ello, necesitas rodearte de las personas adecuadas, aprender a gestionar tu tiempo y asegurarte de que tus objetivos vayan en consonancia con tus principios y valores. Finalmente, cuando te encuentres con obstáculos, persevera para superarlos. Debes ser lo suficientemente flexible para esquivar los baches sin salirte del camino y al mismo tiempo lo suficientemente firme como para atravesar algunos cuando no quede más remedio.

Recuerda siempre esto:

Nada puede derrotar a un hombre con un destino, un mapa, la suficiente motivación para triunfar y la fuerza de voluntad para recuperarse de los reveses.

¡Un abrazo!
Daniel

El viaje que cambio el rumbo de mi vida. Gracias Gili.

Tu opinión es muy importante

Como autor independiente que soy, tu opinión es muy importante para mí y para futuros lectores como tú. Te estaría enormemente agradecido si me dejases **un comentario** en tu plataforma favorita diciéndome qué te ha parecido mi libro **para así poder seguir mejorándolo**:

- ¿Qué es lo que más te ha gustado?
- ¿Hay algo que hayas echado en falta?
- ¿A quién se lo recomendarías?
- ...

¡Un regalo solo para ti!

¿Te gustaría leer **mi próximo libro completamente GRATIS**? ¡Escanea el código que aparece debajo y **apúntate a mi club de lectores**!

Te esperan grandes sorpresas: sé el primero en leer mis nuevos lanzamientos, escucha mis audiolibros de forma gratuita, consigue copias firmadas y dedicadas... ¡y mucho más!

Otros libros de Daniel J. Martin

www.ingramcontent.com/pod-product-compliance
Lightning Source LLC
Chambersburg PA
CBHW022008170726
47994CB00023B/2426